Mmiri a zoro nwayọ nwayọ

It rained softly

Che Chidi
Chukwumerije

Mmiri a zoro nwayọ nwayọ

It rained softly

Ọsese (drawings)
Okam Abraxxzas

Boxwood Publishing House, Frankfurt

E jiri m akwụkwọ a wee cheta
Nna-nna-nne-m
Israel Eloebo Iweka-nụnọ
- Igwe Iweka 1. Obosi -
onye dere akwụkwọ akụkọ-ala nke mbụ
n'asụsụ igbo.

~

Dedicated to the memory of
my maternal great-grandfather
Israel Eloebo Iwekanuno
- Igwe Iweka I. of Obosi -
who wrote and published the very first
Igbo indigenous history book.

Che Chidi Chukwumerije
Mmiri a zoro nwayọ nwayọ (It rained softly)
Nwepụta nke abụọ / Second edition 2015
Nwepụta nke mbụ / First edition 2012 (Aka Teraka)
Boxwood Publishing House e.K.

ISBN 978-3-943000-66-5

Ọsese/Drawings © Okam Abraxxzas

Ihe dị n'ime akwụkwọ a

Nke mbụ

Ị hụ ụzọ

Ị chọọ ka anyị hụ ụzọ
Ị chaara m n'ụzọ, eee, ị chaara m n'ụzọ… -

Ị chaara m n'ụzọ, ọ bụrụ na
Ị meperela ọnwe gị ụzọ –

Ụzọ bụ nke m… ụzọ bụ nke gị… -
Bịa ka anyị chaara ọnwe anyị n'ụzọ,
Bịa ka anyị chịa ọchị ọzọ.

Che kwu be nwanne-echi

Ndị na-ahụ ụzọ chọtara gị,
Ha chọtara gị bịa,
Ma ha ahụhụ gị –

Ngwa, gwa m ugbu a: olee ebe ị gara?
Ọkwọ a şi gị nọrọ n'ụlọ chere ha,
Hawa bụ ndi ji echi na-aka?
Ị jụ ! Ị pụọ… !

Ngwa, lee nụ. Echi a chọrọla gị bịa,
Ma echi ahụhụ gị –
Nyiahụ a kpọchiela gị n'ime ụlọ ya.

Ndo.
Ndo.
Nke gị a gafeela…

Igbo e weghị Eze

Ọ bụrụ na Igbo e weghị eze,
Ị mara na Igbo e weghị olu
N'ala ndị eze –

Ọ bụrụ na Igbo e weghị eze,
Ị mara na Igbo e weghị oche
Na ọgbakọ ndi eze...

Igbo, tinye anya n'ime obi unu
Wee chọta eze unu
Wee ghọta eze unu
Wee jiri otu olu
Wee soro eze unu...

Ihe ị na-achọ

Kedu ihe ị na-achọ?
Ị ma?
Ị teta n'ụtụtụ…, ị rahụọ n'anyasị…
Kedu ebe ị na-aga?
Kedu ihe ị na-achọ?

Ị were anya tinye m n'anya… - !
Kedu ihe ị na-achọ n'anya m?
Kedu ihe ị na-achọ na mpkụrụ-obi m?
Kedu ihe ị na-achọ ebe nile?
Ị ma?

A ma m na ị maghị ihe ị na-achọ…
A ma m na ị maghị ihe ị na-achọ…
Mụ na gị, anyị abụọ ma na ị maghị ihe ị na-acho…
Ma chọ ba, chọ ba, chọ ba ya…
Chọ ba aha ihe ahụ ị na-achọ, nwanne m…

Mmiri a zoro nwayọ nwayọ It rained softly

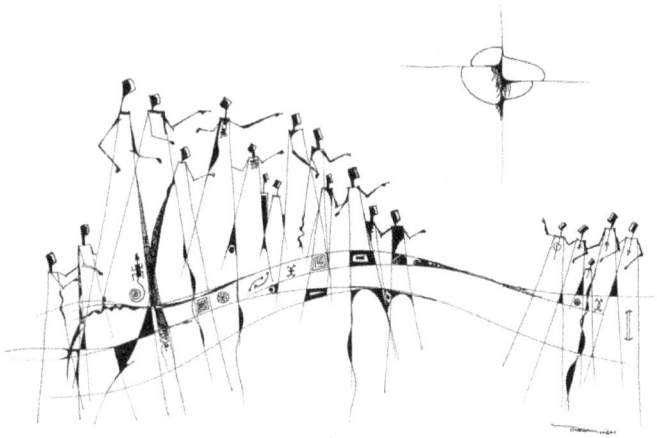

Ihe ọhụrụ

Ị hụ ihe ọhụrụ, hapụ ya…
E gbu na ya…
E jide na ya…
Hapụ ya ka ọ gafere…
Hapụ ya ka ọ fepụrụ…
Hapụ ya ka ọ laa…

Ị hụ ihe ọhụrụ nọọrọ ọnwe ya,
Hapụ ya ka ọ nọrọ,
Hapụ ya aka.

Ụtụtụ ọma

Mmiri...
Anyammiri...
Hicha Anyammiri,
Chi e foola…

Hicha Anyammiri
Na chi e foola...

Lee nụ ụwa nile –
Uwa nile e bilieela n'ụrǎ...
Gee ntị...
Gee ntị...
Gee ntị mma mma...
Ị nụrụ ya?

Ọchị ahụ, egwu ahụ,…
Ọ n'ime obi gị ka ha si a pụta.

Ngwa, hicha anyammiri, nwanne m,
Na chi e foo la…

O nwe mmiri na-agba n'ime obi

A nụrụ m olu n'ime abalị,
Mmadụ kpọrọ m aha…

A nụrụ m olu n'ime anyasị,
Mmụọ kpọrọ m aha…

A nụrụ m olu n'ime uchichi,
Chukwu gwara ha kpọọ m aha…

Mgbe m bili n'ụtụtụ,
Mmiri no na-ezo…
Nwayọ nwayọ ka mmiri a ji zoo…
O zoro nwayọ nwayọ…

Ma o wee di kwa m ka mmiri a na-akpọ kwa m aha.

Otu a ka ụbọchị m ji wee bido.

Otu Obi

Ọ bụrụ na anya gị mepee
Ka ị wee hụ banye n'ime mkpụrụ-obi m,
A ma m na ị ga-ebe akwa...
A ma m na anya gị ga-agba anyammiri…
A ma m na obi gị ga-agba mmiri-obi…

Ma a ma kwa m na
Ị bee cha akwa,
Ị chịa ọchị ọzọ…

Eee, a ma m…
Ị ghọta ihe dị m na mkpụrụ-obi,
añụri e ju gị obi…,
Nwanne m, obi anyị nile bụ kwa nụ otu.

Asụsụ

N'asụsụ ndị ọzọ
A jụrụ m enyi m ajụjụ –
Ọ za m…

M wee jụ kwa ya
Ajụjụ ahụ n'asụsụ m –
Ọ za m…

M wee ghọta na ọ weghị asụsụ abụọ
Bụ otu…,
Maka ihe enyi m zara m n'oge mbụ
A bụghị ihe ọ zara m n'oge abụọ…

Anyasị

Anyasị e rugo ọzọ,
Anyị a labaa...
Anyị e mechie anya…
Anyị e bilie...
Anyị a pụọ, anyị a gamie...

Anyasị e rugo ọzọ,
Anyị a lọta ụlọ…

Bịa

M wee kpọọ gị aha,
M wee sị aha gị lọta,
Aha gị wee lọta –
Aha gị wee buru gị n'isi.
Wee kpọrọ gị n'aka
Wee lọta.

Nke abụọ

Ị ma ihe

Kedu ihe mere m nyịahụ?
Olee ebe m gara?
Kedu ihe m hụrụ?
A rịrị m ugwu? A bara m ọhịa ? E gwuru m mmiri?
A hụrụ m mmadụ? E gburu m anụ? A zara m mmụọ?
A maghị m…
E chefuola m…
Nanị otu ihe ka m ma ugbu a –
A ma m aha m.

Mmiri a zoro nwayọ nwayọ   It rained softly

N'ime obi

E mechaa,
Mgbe anyasị ruru,
Anyị a gụọ egwu ahụ ọzọ –

Ọ egwu Chineke
Tinyere n'ime ụwa,
Egwu obi, egwu obi,
Egwu mkpụrụ-obi... –

Unu a jụna m
Ihe mere e ji m a gụpụta ihe dị m n'obi...
Unu a jụna m
Ihe mere e ji m a sụ nani asụsụ nke m...
Igbo bu otu, anyị ma,
Ma onye ọbụla nwe asụsụ bụ sọ nke ya,
Maka ọnye ọbụla dị iche –
Ị jụna m ihe mere e ji m a sụ asụsụ nke m –

Ma, ị chọọ,
Ị bịa mgbe anyasị ruru,
Mgbe ọnwa na-achị n'eligwe,
Mgbe ukuku na-ahwụ nwayọ kwa,
Ị bịa,
Ka anyị wee gụa egwu ahụ anyị nile ma,
Egwu ahụ Chineke tinyere m'ime ụwa,
Egwu ahụ Chineke tinyere anyị nịle n'ime obi,
Egwu eziokwu na ịhụnanya,
Egwu idinotu.

N' ime mmiri

Ihe mere bụ na anyị echefuola nyiahụ –
Anyị chee na anyị
Ka na-echeta nyiahụ,
Ma anyị echefuola ya...

Okwute dabara n'ime mmiri,
Wee tie mpku, wee mechie ọnụ...

Anyị echefuola nyiahụ…

Ụwa nwanne

Mepee ntị, gee ntị…
Ịhụnanya na-agụ egwu
N'ime obi gị…

Anyị bụ otu –

Asụsụ mkpụrụ-obi

Onye ọbụla sụọ Asụsụ nke ya,
Ọ bụ ịhe a gwara anyị –

Mana asụsụ dị abụọ…
E nwere asụsụ-ọnụ,
Nwere asụsụ-obi…

Asụsụ-ọnụ buru ibu,
Asụsụ-ọnu dị iche iche,
Asụsụ-ọnu bụ nani asụsụ-ọnụ…

Ma asụsụ-obi dị sọsọ otu…

Anyị nwe ọnụ, anyi nwere obi…
Sụpụta obi gị otu ị ji chọọ,
Ma ka ọbụrụ mkpụrụ-obi gị
Na-ekwu okwu.

Nke atọ

Ụwa

Anyị bịara ụwa
Maka gịnị?

Ọ nwe onye chụbara anyị ụwa?

Ọ nwe ihe chụpụ anyị n'Eligwe?

Otu ụbọchị, anyị bia…
Otu ụbọchị, anyị ga-ala…

Ma tupuu anyị a laa,
Ụwa ga e kuziri anyị ihe Chineke
Kenyere n'ime ya bụ ụwa

O nwere ihe anyị chọtara bịa ebe a
Onye nwụọ tupuu ọ chọta nke ya,
O ruo echi, ọ bịakwa ụwa ọzọ…

Ọ chọta nke ya, ọ la ma ulọ –
Maka ụwa bụ ụlọ akwukwọ…

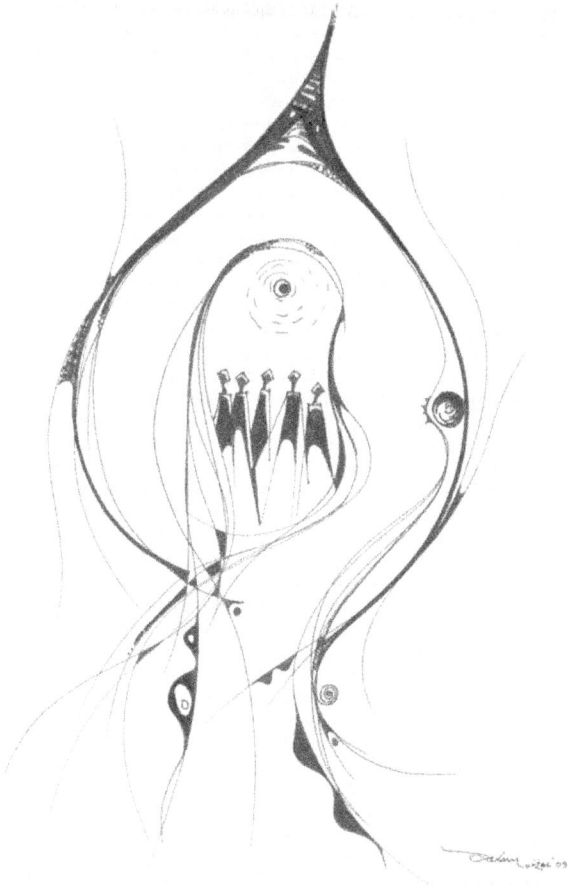

Mmiri kewara ụbǫchị na anyasị

O nwe mmiri kewara
Ụbǫchị na anyasị…
Nnukwu mmiri,
Ma o nweghị onye ma ụgbǫ e ji
A ga fe ya...

Ị mechie anya
Ị fe pụ...
Ị mechie anya
Ị da ba…
Ị mechie anya
Ị kwụrụ n'oke mmiri ahụ kewara
Ụbǫchị na anyasị…

Mgbe ụgbǫmmiri ahụ na-ebu gị
Ǫ nwee nnụnụ ị ga-anụ,
Nnụnụ na-agụ egwu, nwayǫ nwayǫ –

Echi, mgbe ị bili n'ụrǎ,
Ị gee nti, ị ga kwa anụ ǫzǫ
Mkpǫtụ mmiri ahụ na olu nnụnụ ahụ
Nwayǫ nwayǫ n'ime obi ụwa ~

Agụụ

Agụụ na-agụ m…

M rie osikapa
O ju m afọ…

M rie ji
O ju m afọ…

M rie azụ na anụ
Ha e ju m afọ...

Ma kedụ kwanụ nke ga e ju m obi?

Obi

Hei! Obi m ooo...!

Ị bụ anyawụ, obi m?
Ị bụ ọnwa?
Ị bụ mmiri na-agba agba?
Ị bụ nnukwu mmiri nọọrọ onwe ya?
Ị bụ ọhịa?
Ị bụ gịnị? Obi m! Ị bụ gịnị!?
Gwa m!

Onye kuziri gị ihe a nile?
Onye munyere gị egwu ụwa?
Osisi ka ị bụ, bụrụ kwa
Aja…
Igwe ka ị bụ, bụrụ kwa
Ikuku..
Hei! Obi m! Obi m ooo...!

Ebe ahụ ị si, ebe ahụ ka ị na-aga –
Gaba, na-aga, e so m gi na azụ...
E ku m gị na aka,
Ezigbo obi m.

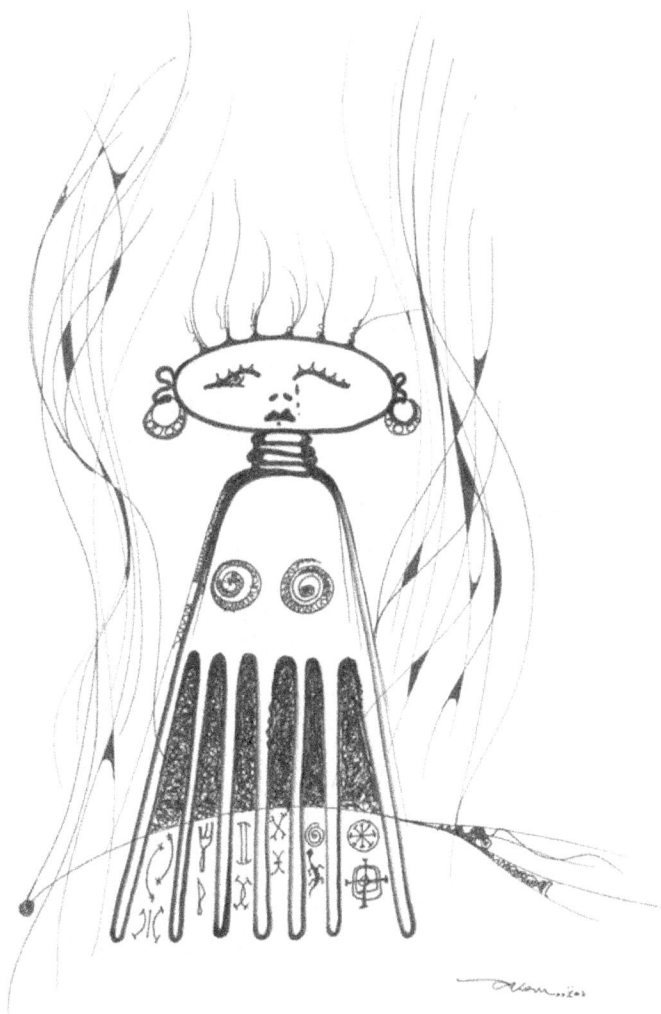

Nwanne-echi

O nwe ndị bụ nwanne-nyiahụ,
Nwere ndị bụ nwanne-taa,..

Ma mụwa bụ nwanne-echi...

Nwanne-echi ka m bụ…

Jiri nwayọ na a baara m mba;
Ị hụ m ebe m nọọrọ onwe m
Gharịa ị megharị ahụ,
Ị jụna onwe gị ajụjụ maka ihe m na-eme –
Gamara onwe gị

A bụ m nwanne-echi…

Oge ruo,
Ị mara m

A bụ m nwanne-echi…

Mmiri a zoro nwayọ nwayọ It rained softly

It rained softly

« *Mmiri a zoro nwayọ nwayọ* »

Poems by

Che Chidi Chukwumerije

Translated from Igbo to English by the Author

Drwaings by
Okam Abraxxzas

A word from the poet

Many languages have disappeared from the face of this earth. Anchored in a language is the spirit of the culture of the people who developed and speak it.

I was born in an era in Africa where new generations had begun to develop away from their languages. Our languages were no longer the vehicle for the official formal education, so a fundamental part of our modern thinking process was programmed from the beginning in a foreign language which thus became ours.

Gradually our language became the tool simply of an informal communication and, in its full form, successively lost its relevance to successive generations, as a result of which the knowledge of and familiarity with its treasures, values and power disappeared from or remain largely ungrasped by the consciousness of many of us 'modern' postcolonial generation Africans. That is to say, when we want to 'get serious' and 'say it all', we need the intellectual support of the foreign language in which we learned how to think like modern beings. Thus, we stopped developing our 'mother-thongues', stopped forcing them to change with us as we changed, grow with us as we grew, like skin, so that they may naturally embody and express not only our past but also our present.

While I can converse socially in my language, the igbo language of the igbo people of post-colonial south-eastern Nigeria, I sadly do not posess enough substantial grasp of it to express myself fully as a writer in it, a fate which I fear I share with many of my contemporary African acquaintants. And yet, history has shown us that there is nothing as endangered as a language which was never written down. When a language is spoken it tells of others; but when it is written, it tells not only of others, it automatically tells also of itself. It is its own record, the only proof that it ever existed and the only memory left of itself. Finally the written word also always acts as a seed, the source of one tree, source of many seeds, that the forest may survive.

These were some of the thoughts and intuitions that occupied me at the start of the new millenium and prompted me to write these philosophical igbo poems.

Part one

Seeing

If you want us to see the way
Then make way for me, yes, move out of my way… -

And when you have made way for me, then it will be
You would have opened up the the way for yourself too –

The way is yours… The way is mine… -
So come, let us together make way for each other,
Come, let us laugh again.

Ị hụ ụzọ

Ị choọ ka anyị hụ ụzọ
Ị chaara m n'ụzọ, eee, ị chaaru m n'ụzọ…

Ị chaara m n'ụzọ, ọ bụrụ na
Ị meperela ọnwe gị ụzọ –

Ụzọ bụ nke m… ụzọ bụ nke gị… -
Bịa ka anyị chaara ọnwe anyị n'ụzọ,
Bịa ka anyị chịa ọchị ọzọ.

Wait for the day after tomorrow

The seers of the way, they looked for you
They came looking for you
But, alas!, they saw you not –

So tell me now: where did you go?
Stay at home and wait for them, is what you were told
For they hold Tomorrow in their hands
But you refused! And you went away…!

See now: Tomorrow has finally come, seeking you
But Tomorrow found you not
For Yesterday had locked you away in its house.

I'm sorry for you
Aye, I pity you –
Your own has passed you by…

Che kwu be nwanne-echi

Ndị na ahụ uzọ chọtara gị,
Ha chọtara gị bịa,
Ma ha ahụhụ gị –

Ngwa, gwa m ugbu a: olee ebe ị gara?
Ọkwọ a ṣi gị nọrọ n'ụlọ chere ha,
Hawa bụ ndi ji echi na-aka?
Ị jụ! Ị pụọ…!

Ngwa, lee nụ. Echi a chọrọla gị bịa,
Ma echi ahụhụ gị –
Nyiahụ a kpọchiela gị n'ime ụlọ ya.

Ndo.
Ndo.
Nke gị a gafeela…

The Ibos have no King

If the Ibos have no king
Then the Ibos have no say
In the land of the kings –

If the Ibos have no king
Then the Igbos have no throne
At the gathering of kings…

So, Ibos, look within yourselves
And find your king
And understand your king
And with one voice
Follow your king...

Igbo e weghị Eze

Ọ bụrụ na Igbo e weghi eze,
Ị mara na Igbo e weghị olu
N'ala ndị eze –

Ọ bụrụ na Igbo e weghị eze,
Ị mara na Igbo e weghị oche
Na ọgbakọ ndi eze...

Igbo, tinye anya n'ime obi unu
Wee chọta eze unu
Wee ghọta eze unu
Wee jiri otu olu
Wee soro eze unu...

That which you seek

What are you looking for?
Do you know?
In the morning you awaken... at night you fall asleep...
Where are you going?
What are you looking for?

You stare into my eyes... - !
What do you seek in my eyes?
What do you seek in the core of my heart?
What do you seek everywhere?
Do you know?

I know that you do not know what you seek...
I know that you know not what you are looking for...
You and I, we both know that you don't know what you
seek...
But keep on looking, searching, seeking it...
Keep on looking for the name of that which you seek, my
brother...

Ihe ị na-achọ

Kedu ihe ị na-achọ?
Ị ma?
Ị teta n'ụtụtụ…, ị rahụọ n'anyasị…
Kedu ebe ị na-aga?
Kedu ihe ị na-achọ?

Ị were anya tinye m n'anya… - !
Kedu ihe ị na-achọ n'anya m?
Kedu ihe ị na-achọ na mpkụrụ-obi m?
Kedu ihe ị na-achọ ebe nile?
Ị ma?

A ma m na ị maghị ihe ị na-achọ…
A ma m na ị maghị ihe ị na-achọ…
Mụ na gị, anyị abụọ ma na ị maghị ihe ị na-acho…
Ma chọ ba, chọ ba, chọ ba ya…
Chọ ba aha ihe ahụ ị na-achọ, nwanne m…

A new thing

If you see a new thing, leave it alone…
Do not kill it…
Do not catch it…
Let it pass by…
Let it fly away…
Let it continue on its way home…

If you see a new thing on its own
Do not disturb it
Leave it alone.

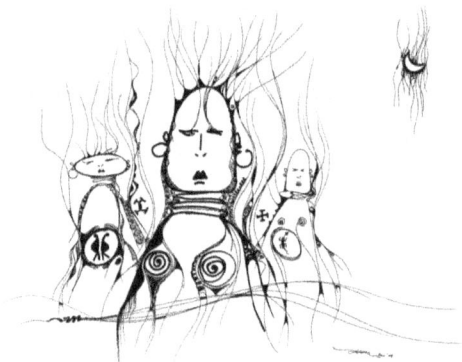

Ihe ọhụrụ

Ị hụ ihe ọhụrụ, hapụ ya...
E gbu na ya...
E jide na ya...
Hapụ ya ka ọ gafere...
Hapụ ya ka ọ fepụrụ...
Hapụ ya ka ọ laa...

Ị hụ ihe ọhụrụ nọọrọ ọnwe ya,
Hapụ ya ka ọ nọrọ,
Hapụ ya aka.

Good morning

Water...
Tears...
Wipe your tears
Morning has dawned...

Wipe your tears
For morning has dawned...

Look at the whole world –
The whole world has awakened...
Listen...
Listen...
Listen carefully...
Did you hear it ?

That laughter, that music...
It is from your heart that they are emerging.

Now wipe your tears, my brother,
For morning has dawned...

Ụtụtụ ọma

Mmiri
Anyammiri...
Hicha Anyammiri,
Chi e foola...

Hicha Anyammiri
Na chi e foola...

Lee nụ ụwa nile –
Uwa nile e bilieela n'ụrǎ...
Gee ntị...
Gee ntị...
Gee ntị mma mma...
Ị nụrụ ya?

Ọchị ahụ, egwu ahụ,...
Ọ n'ime obi gị ka ha si a pụta.

Ngwa, hicha anyammiri, nwanne m,
Na chi e foo la...

There is a river that runs in the heart

I heard a voice in the night,
Somebody called my name…

I heard a voice in the night,
A spirit called my name…

I heard a voice in the night,
God told them to call my name…

When I woke up in the morning
It was raining…
Softly did it rain…
It rained so very softly…

And it seemed to me as if the very rain were also calling
my name.

This was how my day started.

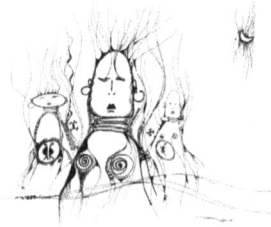

O nwe mmiri na-agba n'ime obi

A nụrụ m olu n'ime ahali,
Mmadụ kpọrọ m aha...

A nụrụ m olu n'ime anyasị,
Mmụọ kpọrọ m aha...

A nụrụ m olu n'ime uchichi,
Chukwu gwara ha kpọọ m aha...

Mgbe m bili n'ụtụtụ,
Mmiri no na-ezo...
Nwayọ nwayọ ka mmiri a ji zoo...
O zoro nwayọ nwayọ...

Ma o wee di kwa m ka mmiri a na-akpọ kwa m aha.

Otu a ka ụbọchị m ji wee bido.

One heart

If your eyes were to open
For you to see into the core of my heart
I know you would cry
I know you would shed tears
I know that your heart would weep the tears of the heart…

But I also know, that
When your tears have dried
You will laugh again…

Yes, I know…
If you were to understand that which is in the core of my
heart
Joy would fill your heart,
My brother, our hearts are truly all one.

Otu Obi

Ọ bụrụ na unya gị mepee
Ka ị wee hụ banye n'ime mkpụrụ-obi m,
A ma m na ị ga-ebe akwa...
A ma m na anya gị ga-agba anyammiri...
A ma m na obi gị ga-agba mmiri-obi...

Ma a ma kwa m na
Ị bee cha akwa,
Ị chịa ọchị ọzọ...

Eee, a ma m...
Ị ghọta ihe dị m na mkpụrụ-obi,
añụri e ju gị obi...,
Nwanne m, obi anyị nile bụ kwa nụ otu.

Language

In a foreign language
I asked my friend a question –
He answered me…

And then I asked him
The same question in my language –
He answered me…

And then I understood that no two languages
Are the same…,
For the answer my friend gave me the first time
Was not the answer he gave me the second time…

Asụsụ

N'asụsụ ndị ọzo
A jụrụ m enyi m ajụjụ –
Ọ za m...

M wee jụ kwa ya
Ajụjụ ahụ n'asụsụ m –
Ọ za m...

M wee ghọta na ọ weghị asụsụ abụọ
Bụ otu...,
Maka ihe enyi m zara m n'oge mbụ
A bụghị ihe ọ zara m n'oge abụọ...

Night

Night has fallen again,
We go to bed…
We close our eyes…
We arise…
We depart, we go far…

Night has fallen again,
We return home…

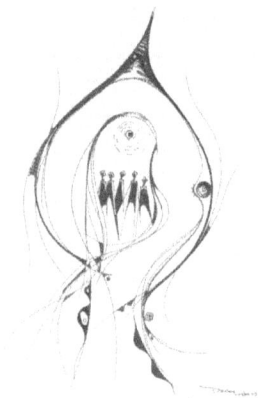

Anyasị

Anyasị e rugo ọzọ,
Anyị a labaa...
Anyị e mechie anya...
Anyị e bilie...
Anyị a pụọ, anyị a gamie...

Anyasị e rugo ọzọ,
Anyị a lọta ụlọ...

Come

And then I called you by your name
And then I told your name to come back home
And your name returned –
And your name carried you on its head
And took you by the hand
And came back home.

Bịa

M wee kpọọ gi aha,
M wee sị aha gị lọta,
Aha gị wee lọta –
Aha gị wee buru gị n'isi.
Wee kpọrọ gi n'aka
Wee lọta.

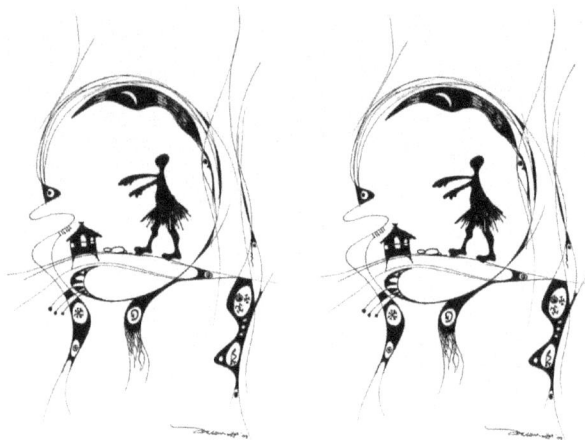

Part two

Knowing

What happened to me yesterday?
Where did I go to?
What did I see?
Did I mount a hill? Did I enter a forest? Did I swim a river?
Did I see a human being? Did I kill an animal? Did I an-
swer a spirit?
I do not know…
I have forgotten…
There is only one thing I know now –
I know my name.

Ị ma ihe

Kedu ihe mere m nyịahụ?
Olee ebe m gara?
Kedu ihe m hụrụ?
A rịrị m ugwu? A bara m ọhịa ? E gwuru m mmiri?
A hụrụ m mmadụ? E gburu m anụ? A zara m mmụọ?
A maghị m...
E chefuola m...
Nanị otu ihe ka m ma ugbu a –
A ma m aha m.

In the heart

Later
When night falls
We will sing that song again –

It is the song which the Creator
Put into the world
The song of the heart, the song of the heart
The song of the seed-core of the heart… -

Ask me not
Why I sing out the contents of my heart…
Ask me not
Why I speak only my own language…
The ibo languages are all one, we know,
But each person has the language which is his alone,
For each person is different –
Ask me not why I speak only my own language –

But, if you like,
Then come when night has fallen
When the moon rules the heavens
When the wind blows softly
Come
That we may all sing that song which we all know
That song which the Creator put into the world
That song which the Creator put into all our hearts
The song of truth and of love
The song of unity.

N'ime obi

E mechaa,
Mgbe ạnyasị ruru,
Anyị a gụọ egwu ahụ ọzọ –

Ọ egwu Chineke
Tinyere n'ime ụwa,
Egwu obi, egwu obi,
Egwu mkpụrụ-obi... –

Unu a jụna m
Ihe mere e ji m a gụpụta ihe dị m n'obi...
Unu a jụna m
Ihe mere e ji m a sụ nani asụsụ nke m...
Igbo bu otu, anyị ma,
Ma onye ọbụla nwe asụsụ bụ sọ nke ya,
Maka onye ọbụla dị iche –
Ị jụna m ihe mere e ji m a sụ asụsụ nke m –

Ma, ị chọọ,
Ị bịa mgbe anyasị ruru,
Mgbe ọnwa na-achị n'eligwe,
Mgbe ukuku na-ahwụ nwayọ kwa,
Ị bịa,
Ka anyị wee gụa egwu ahụ anyị nile ma,
Egwu ahụ Chineke tinyere m'ime ụwa,
Egwu ahụ Chineke tinyere anyị nịle n'ime obi,
Egwu eziokwu na ịhụnanya,
Egwu idinotu.

In the lake

What has happened is that is that we have forgotten yester-
day –
We think that we
Still remember yesterday,
But we have forgotten it…

A stone fell into a lake
Made a loud noise, and then became still…

We have forgotten yesterday…

N' ime mmiri

Ihe mere bụ na anyị echefuola nyiahụ –
Anyị chee na anyị
Ka na-echeta nyiahụ,
Ma anyị echefuola ya...

Okwute dabara n'ime mmiri,
Wee tie mpku, wee mechie ọnụ...

Anyị echefuola nyiahụ...

A world of brothers

Open your ears, listen...
Love is singing
In your heart...

We are one -

Ụwa nwanne

Mepee ntị, gee ntị...
Ịhụnanya na-agụ egwu
N'ime obi gị...

Anyị bụ otu –

The language of your innermost heart

Let each person speak his own language,
That's what we were told –

But language is two-fold...
There is the language of the mouth
And there is the language of the heart...

Many are the languages of the mouth
Varied are the languages of the mouth
But they remain merely languages of the mouth…

But there is only one language of the heart...

We have a mouth, we have a heart…
Speak your heart out the way you feel it
But let it always be your innermost heart
That speaks.

Asụsụ mkpụrụ-obi

Onye ọbụla sụọ Asụsụ nke ya,
Ọ bụ ịhe a gwara anyị –

Mana asụsụ dị abụọ…
E nwere asụsụ-ọnụ,
Nwere asụsụ-obi…

Asụsụ-ọnụ buru ibu,
Asụsụ-ọnu dị iche iche,
Asụsụ-ọnu bụ nani asụsụ-ọnụ…

Ma asụsụ-obi dị sọsọ otu…

Anyị nwe ọnụ, anyi nwere obi…
Sụpụta obi gị otu ị ji chọọ,
Ma ka ọbụrụ mkpụrụ-obi gị
Na-ekwu okwu.

Part *three*

The world

Why have we come
Into the world ?

Did someone chase us into the world ?

Did something drive us out of heaven ?

One day we came...
One day we will go...

But before we go
The world will teach us whatever it was
That the Creator created into it

We came here looking for something
Anyone who dies before finding his own,
When tomorrow comes, he will return again to the world...

When he finds it, he will set off for home –
Because the world is a school...

Ụwa

Anyị bịara ụwa
Maka gịnị?

Ǫ nwe onye chụbara anyị ụwa?

Ǫ nwe ihe chụpụ anyị n'Eligwe?

Otu ụbọchị, anyị bia...
Otu ụbọchị, anyị ga-ala...

Ma tupuu anyị a laa,
Ụwa ga e kuziri anyị ihe Chineke
Kenyere n'ime ya bụ ụwa

O nwere ihe anyị chọtara bịa ebe a
Onye nwụǫ tupuu ǫ chọta nke ya,
O ruo echi, ǫ bịakwa ụwa ǫzǫ...

Ǫ chọta nke ya, ǫ la ma ulǫ –
Maka ụwa bụ ụlǫ akwukwǫ...

The river that separates day and night

There is a river that separates
Day and night…
A mighty river,
But no-one knows what boat
With which to cross it…

If you close your eyes
You fly off….
If you close your eyes
You fall in…
If you close your eyes
You stand on the bank of the river that separates
Day and night…

When that boat is carrying you across
You will hear a bird
A bird singing very softly –

Tomorrow, when you wake up from sleep
If you listen, you will hear again
The sound of that river and the voice of that bird
Softly softly in the heart of the world ~

Mmiri kewara ụbọchị na anyasị

O nwe mmiri kewara
Ụbọchị na anyasị...
Nnukwu mmiri,
Ma o nweghị onye ma ụgbọ e ji
A ga fe ya...

Ị mechie anya
Ị fe pụ...
Ị mechie anya
Ị da ba...
Ị mechie anya
Ị kwụrụ n'oke mmiri ahụ kewara
Ụbọchị na anyasị...

Mgbe ụgbọmmiri ahụ na-ebu gị
O nwee nnụnụ ị ga-anụ,
Nnụnụ na-agụ egwu, nwayọ nwayọ –

Echi, mgbe ị bili n'ụrǎ,
Ị gee nti, ị ga kwa anụ ọzọ
Mkpọtụ mmiri ahụ na olu nnụnụ ahụ
Nwayọ nwayọ n'ime obi ụwa ~

Hunger

I am hungry…

When I eat rice
It fills my belly…

When I eat yam
It fills my belly…

When I eat fish and meat
They fill my belly…

But where is that which will fill my heart?

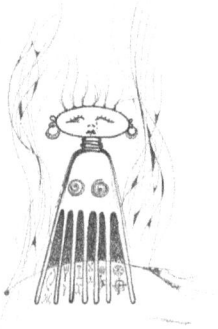

Agụụ

Agụụ na-agụ m...

*M rie osikapa
O ju m afọ...*

*M rie ji
O ju m afọ...*

*M rie azụ na anụ
Ha e ju m afọ...*

Ma kedụ kwanụ nke ga e ju m obi?

Heart

Oh! My heart…!

My heart, are you a sun?
Are you a moon?
Are you a river?
Are you a solitary sea?
Are you a forest?
What are you? My heart! What are you?
Tell me!

Who taught you all these things?
Who taught you the song of the world?
You are wood, and you are also
Sand…
You are iron, and you are also
Wind…
Oh! My heart…!

There where you came from, that's where you are going
to –
Walk on, keep on walking, I am walking behind you
I am carrying you tenderly in my arms,
My good heart.

Obi

Hei! Obi m ooo...!

Ị bụ anyawụ, obi m?
Ị bụ ọnwa?
Ị bụ mmiri na-agba agba?
Ị bụ nnukwu mmiri nọọrọ onwe ya?
Ị bụ ọhịa?
Ị bụ gịnị? Obi m! Ị bụ gịnị!?
Gwa m!

Onye kuziri gị ihe a nile?
Onye munyere gị egwu ụwa?
Osisi ka ị bụ, bụrụ kwa
Aja...
Igwe ka ị bụ, bụrụ kwa
Ikuku..
Hei! Obi m! Obi m ooo...!

Ebe ahụ ị si, ebe ahụ ka ị na-aga –
Gaba, na-aga, e so m gi na azụ...
E ku m gị na aka,
Ezigbo obi m.

The day after tomorrow

Some are yesterday's siblings
Some are today's siblings…

I am tomorrow's sibling…

I am the day after tomorrow…

When you scold me, scold me gently;
When you see me on my own
Motionless and still
Do not ponder as to what I am doing –
Just keep on walking

I am tomorrow's brother

When the time has come
You will know me

I am the day after tomorrow…

This poem was difficult to translate because it is a play on words. On the one hand, "Nwanne-echi" is the ibo word for "the day after tomorrow", but on the other hand it also literally translates into "tomorrow's brother (or tomorrow's sister), i.e. "tomorrow's sibling". In the poem it means both. Similarly, "nwanne-nyiahụ" means "the day before yesterday."

Nwanne-echi

Ọ nwe ndị bu nwanne-nyiahụ,
Nwere ndị bụ nwanne-taa,..

Ma mụwa bụ nwanne-echi...

Nwanne-echi ka m bụ...

Jiri nwayọ na a baara m mba;
Ị hụ m ebe m nọọrọ onwe m
Gharịa ị meghari ahụ,
Ị jụna onwe gị ajụjụ maka ihe m na-eme –
Gamara onwe gị

A bụ m nwanne-echi...

Oge ruo,
Ị mara m

A bụ m nwanne-echi...

Ngwụcha

The end.

Mmiri a zoro nwayọ nwayọ   It rained softly

Mbido ya

La Legos ka a mụrụ m, l'Oge 1974, l'Ụbọchị April 6.

Bekee ka a la-asụ la Legos. Anyị sụkwara Igbo l'Ụlọ anyị kaa la Legos, ma l'ọ wụ Bekee ka mụwa mụtara ị sụ mma mma.

Owe ruo otu Ụbọchị, m wee sị onwe m ka m ma gbalị kwa ma dee kwuo ọbere Ihe l'Asụsụ Nna m la Nne m, l'Asụsụ m.

M wee jiri ọbere Igbo m ma wee depụta ụmụ Okwu-ntakịrị a.

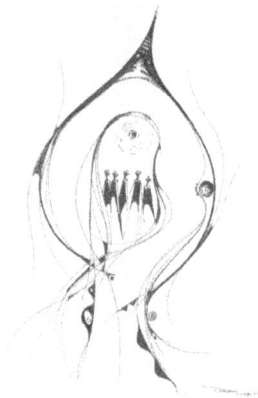

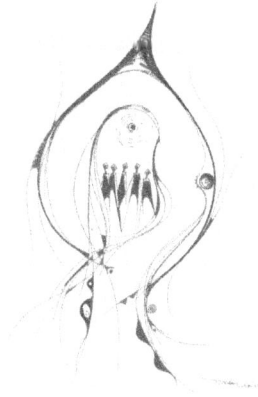

Its beginning

I was born in Lagos, on the 6th of April, 1974.

English is spoken in Lagos. At home we also spoke Ibo.
But english was the language which I came to master.

But one day the urge came upon me to write a few lines
down in the language of my father and of my mother, in my
language.

And so I used the little ibo I know to write down thèse
poems.

Che Chidi Chukwumerije

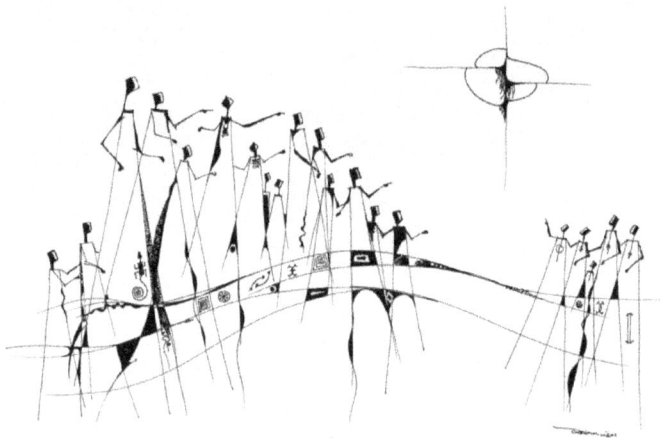

www.ingramcontent.com/pod-product-compliance
Lightning Source LLC
Chambersburg PA
CBHW020610030106
42337CB00011B/354